이름, 時

님에게.

이름, 時

초판 1쇄 인쇄 2024년 6월 25일
초판 1쇄 발행 2024년 6월 30일

지은이 승우시
펴낸이 金泰奉
펴낸곳 도서출판 띠앗
등 록 제4-414호

편 집 김태일
마케팅 김명준

주 소 (우) 05044 서울시 광진구 아차산로 413(구의동 243-22)
전 화 (02)454-0492(代)
팩 스 (02)454-0493
이메일 hansom@hansom.co.kr
홈페이지 www.hansom.co.kr

ISBN 978-89-5854-138 7 (03810)

이름, 時

이름 N행시집

승우시 지음

도서
출판 띠앗

| 머리말 |

세상 모든 것에는 이름이 있습니다.
이름이 없는 새로운 것에도 이름을 지어 주며 의미를 부여하기도 하고, 이미 이름이 있는 것에도 우린 또 다른 이름(별명)을 지어 주며 애정을 표현하기도 하죠.

누군가가 내 이름을 불러 주지 않아서 슬퍼했던 적이 있고, 내 이름을 불러 줬던 어느 순간에 행복했던 적이 있지 않나요?

그 만큼 이름이라는 것은 소중한 의미를 갖습니다.

이름을 불러 주는 순간이 소중하다고 느끼게 된 순간이 있었고
그런 소중한 이름을 빌려 글을 쓰기 시작했습니다.
사실 글이라기보다 말장난에서 시작되었던 n행시, 이름 시였지만
지금까지 적었던 글을 담아서 나만의 책을 내보고 싶었어요.

이 책의 짧은 글을 가볍게 읽으면서 반가운 사람의 이름을 찾았을 때,
그 사람을 떠올리고 이름을 불러 주며 연락을 해보는 것은 어떨까요?
페이스북이나 인스타그램의 @인물태그처럼.

| 차례 |

이름, 時

이름 N행시집

승부욕이 넘치는 이 각박한 세상 속에서

우리는 조금씩 욕심을 내려놓고 평화로운 세상을 살았으면 좋겠어.

승 우

성인이 되어 보니 아버지의 마음을 이제야 조금은 알 것 같아요.

선생님이자 친구가 되어 주시는 아버지, 사랑합니다.

성 선

기억의 발자취를 따라 지나온 시간을 거슬러 오르다 보면

순수하고 어렸던 작은 발자국이 가장 큰 행복으로 남아 있네

기 순

꽃길의 꽃잎은 작은 바람에도 흩날려 님의 곁을 지켜줄 수 없을 테니

님이 가시는 길에는 바람과 서리에도 굴하지 않는 소나무길이 펼쳐지길.

꽃 님

현재 하고 있는 일에 대해 불안해하거나 뒤돌아보고 후회할 것 없어.

출발이 남들보다 늦었더라도 꾸준히 앞을 향해 나아가면 돼.

현 출

다른 누군가의 달콤한 말에 속아 잘못된 판단을 하게 되거나

현혹되지 않고 올바른 길을 향해 갈 수 있는 단단함을 가지길 바랄게.

다 현

은연중에도 네가 생각나는 걸 보니

진짜 많이 사랑했었구나 싶다.

은 진

예쁘게 웃는 너의 모습에 나도 모르게

슬며시 눈길이 가는 걸 어떡해.

예 슬

예전처럼 돌아갈 수 없는 우리의 현실을

담담하게 받아들일 수 있는 내가 되길

예 담

나는 걱정스러워. 겉으로는 강한 척 웃어 보이는 네가

희고 여리다는 것을 알기에 혼자 속으로 힘들어하지 않았으면 좋겠어.

나 희

예전과 같지 않은 우리의 사이를 이어가기엔

곤란하다는 것에 마음 아파했던 이별의 순간.

예곤

세상에 모든 것들이 변해 가고

희미해져도 너만은 선명하게 남아 있길.

세 희

선명하게 남아 있어. 네가 없는 지금 이 순간도

아직 나의 마음속에 존재하니까

선 아

이 순간 또한 지나갈 테니까

슬픔은 잠시 묻어 두고 이겨 낼 수 있는 용기를 내요.

이 슬

혜성처럼 찰나의 순간 빛나고 사라질 사랑이 아닌,

진정한 마음으로 오랜 순간을 함께하는 달빛 같은 사랑을 해요.

혜 진

지금의 나를 힘들게 했던 시련들은 지나고 나면 더욱 더

현명한 사람으로 성장하게 만들어 줄 거야.

지 현

시시하고 따분한 일상 속에서도

우리 함께 라는 그 이유만으로 감사하고 행복해요.

시 우

희한하게 자꾸만 네가 떠오른다.

수줍게 웃는 그 얼굴이 너무 귀여워서.

희 수

희미해지는 기억 속에서 너만은

영원히 지워지지 않을 기억으로 남길 거야.

희 영

진심을 숨기고 먼발치에서 너를 바라보기만 했다.

호 하고 불면 날아갈까 불안한 너에게 다가갈 용기가 나지 않아서.

진 호

은은하게 우리를 비춰 주는 가로등 불빛 아래에서

조심스럽게 내뱉은, 너를 좋아하게 됐다는 수줍은 고백.

은 조

태연한 척 다가서려고 하는데 그게 마음처럼 쉽지 않아

희한하게 너만 보면 심장이 두근거리는 걸 어떡해.

태 희

나는 가끔 이런 상상을 하곤 해. 비가 내리는 어느 거리에서

영화처럼 너를 만나 우산을 씌워 주며 사랑에 빠지는 그런 상상.

나 영

미치도록 생각이 깊어지는 밤이었다.

정말 단 한 숨도 못 잘 만큼 네가 생각나는 밤.

미 정

나는 너를 믿어. 힘들고 지치는 상황 앞에 부딪혀도 너라면

현명하게 나아갈 것이라는 것을.

나 현

은연중에 마주친 너의 눈빛에

송두리째 내 마음을 빼앗겨 버렸어.

은송

유독 힘들게 느껴졌던 삶의 여러 고난들을 견뎌낸다면

경험했던 모든 게 너를 더 성장하게 만들어 줄 거야.

유 경

정말 지치고 힘든 하루의 연속이지만 언젠가는 꼭

승승장구하는 그런 날이 올 거예요.

정 승

혜성처럼 문득 내 일상 속에 나타나 자리 잡은 네가

지금은 내 곁에서 잠시도 사라져선 안 되는 존재가 됐어.

혜 지

우울하고 지친 하루를 마치고 돌아왔을 때

빈자리를 네가 가득 채워 줬으면 좋겠어.

우 빈

희미해지는 옛 기억들 속에서도

선명하게 그려지는 너라는 사람.

희 선

예전만큼 사랑받지 못할까 봐 겁이 난다고 넌 말했지만 난 아니야.

지금이 예전보다 더, 지금보다 앞으로 더 많이 사랑할 거야.

예 지

다가서면 멀어질까, 손대면 사라질까 불안해

함께 있고 싶은 마음이 너에게도 닿았으면 좋겠다.

다 함

채우려고 할수록 채워지지 않는 마음이야.

원하면 원할수록 점점 깊어지는 사랑이라서

채 원

지금 가장 소중한 게 무엇이냐는 당신의 질문에
원래부터 그대였다는 대답을 할 거예요.

지금처럼 당신의 모습 그대로만 있어 주면 돼요.
원하는 것은 단 하나, 그대가 나의 옆에서 행복하게 있어 주는 것.

지 원

가만히 누워 밤하늘을 바라보며 나는 종종

은하수를 헤엄치는 상상을 하곤 해.

가 은

도도한 표정 짓다가도 나를 보며 웃어주는 너를 보면

원하는 모든 것들을 해 주고 싶은 마음이 들어.

도 원

형용할 수 없을 정도로 행복해요.

로맨틱한 표현은 너무 서툴지만 진심으로 사랑하고 있어요.

형 로

상실감에 빠져 있을 필요 없어. 마음에 담아 두지 마.

민감하게 받아들일수록 스스로를 힘들게 할 뿐이야

상 민

수그러들지 않는 그리움에 머릿속이 온통 너로 가득하다.

진즉에 알았더라면 곁에서 멀어지지 않았을 텐데.

수 진

지나가는 사람들 속에 우연히 마주친 그대가

인연이 되어 나에게 닿기를….

지 인

태양처럼 눈이 부신 너를 처음 본 순간부터 느꼈어.

영원히 밝게 빛나는 그런 뜨거운 사랑의 감정.

태 영

지워지지 않았으면 좋겠다. 우리가 사랑했던 마음이

영원히 간직하고 싶은 추억으로 남아 있기를,

지 영

규정지어진 테두리에서 벗어나 나의 주체성을 갖고 살아가자.

선택의 순간들도 타인의 눈치 볼 것 없이 오직 자신의 결정으로

규 선

선하게 그려지는 너의 모습을 떠올리며

화끈거리는 이 마음은 아마 사랑이겠지

선 화

다정한 눈빛으로 그렇게 바라보면 어떡해

원하는 만큼 다 해 주고 싶어지잖아. 네가 내 전부인 것처럼.

다 원

안아줄게. 너의 슬픔까지 온 마음 다해 알아줄게.

나라는 존재가 너에게 위로가 된다면

안 나

도저히 못 잊겠다. 네가 내게서 멀어지려 할수록

희미해지는 네 모습이 너무 슬픈데 어떻게 잊을 수 있겠어.

도 희

다른 사람과 만나는 너의 모습 상상하고 싶지도 않아.

인연의 끈을 서로 놓지 말자. 항상 네 곁에 내가 있을게.

다 인

상상 속에서만 그려 오던 너와의 만남이

선물이 되어 나에게 온 그 순간.

상 선

미처 알지 못했던 오늘의 그리움과

수많은 감정이 너를 향해 떠오르는 밤.

미 수

남들에게서 느껴 보지 못한 감정이야.

희한하게 너만 보면 두근거리고 떨리는 이 마음.

남 희

하염없이 네가 오기만을 기다린다.

영영 돌아오지 않을 사람인 것을 알면서도

하 영

효용성을 따지는 이기적이고 가식적인 마음 없이

정성을 다하며 서로에게 헌신할 수 있는 진짜 사랑을 만나

효 정

진하게 스며드는 너의 향기와

아른거리는 너의 미소가 날 웃음 짓게 해.

진 아

혜성처럼 먼발치에서 너의 곁을 맴돌기만 하던 내가

주변에서 중심으로 가고 싶어.

혜 주

재회하고 싶은 마음은 그저 저만의 욕심일까요

문득 내가 그리워진다면 다시 돌아와 주세요.

재 문

지나가는 수많은 인연 중에서 너와 나, 서로에게

훈훈한 기억으로 남아 있길.

지 훈

희고 눈부신 너를 처음 본 그 순간 느꼈어

원하고 바라던 사랑을 만났다는 것을.

희 원

진심을 담아 그대에게 다가갈 테니

서서히 나의 마음을 받아 주세요.

진 서

수많은 시간을 함께 있어 줘서 고마워

빈틈없이 너로 가득 찬 그 시간들이 너무 소중해

수 빈

광활한 우주, 그 중심에서 우리는 별처럼

한 줄기 빛이 되는 존재가 될 거야.

광 한

재미없고 지루한 일상 속에서도

혁신적인 존재가 되어 주는 사람.

재 혁

지우려 해도 지워지지 않는 너를

만나고 싶어도 만날 수 없음에 슬퍼지는 이 밤.

지 만

건너편에서 점점 가까이 다가오는 너의 모습에
주위는 온통 흐릿해지고, 내 눈에는 오로지 너만 보이더라.

건네는 내 손을 잡아 줘서 고마워.
주고받는 마음이 하루하루를 행복하게 해.

건 주

은은한 새벽공기에 너는 이슬이 되어 내 맘을 적신다.

현란한 네온 불빛도 잠든 밤, 우리는 그 어떤 불빛보다 빛나겠지.

은 현

선뜻 내 손을 잡아 준 너와 내가 함께 걷는 길

주위를 둘러봐도 온통 너로 가득해

선 주

유난히 추운 겨울 날씨에도 내 마음을 따스하게 녹여 주는

진심을 담은 너의 말 한마디에 감사한 오늘.

유 진

윤활하게 흐르는 시간 속에 우리의 관계도

진부해지는 것이 아닌 진보되어 가길.

윤 진

하루 온종일 내 머릿속에는 네 생각이 맴돌아

라디오에서 흘러나온 노래를 흥얼거리는 것처럼,

하 라

보여지는 외면보다 보이지 않는 내면에 더 의미를 가졌으면 해.

석연치 않은 세상 속에서도 너는 너대로 소중하니까.

보 석

하고 싶은 말이 하나 있어.
나 너 좋아해,

하루의 시작을 너와 함께하고 싶어.
나랑 손잡고 걸을까?

하 나

범상치 않은 느낌이 들면, 불안한 예감은 꼭 틀리지 않더라.

수없이 사랑을 말했던 그 입에서 헤어지자는 말이 나올 것 같은 예감.

범 수

채우고 싶어도 채울 수 없는 게 있다면 그게 사랑인 걸까?

연거푸 내 마음을 쏟아 부어도 가득 채워지지 않는 걸 보면

채 연

수줍은 첫 만남에 많은 것을 알기에는 시간이 부족했어.

연락하고 싶어 매일매일, 서로를 더 알아갈 수 있게

수 연

영영 떠나지 않을 것만 같았던 네가 내 곁에 없을 생각에

미처 보내줄 마음을 준비도 못한 나는 어떻게 너를 놓아줄 수 있겠어.

영 미

서서히 다가갈 테니 너는 그 자리에 그대로만 있어 줘.

정말 네 곁에서는 조금도 멀어지고 싶지 않아.

서 정

소유하고 싶어 했던 내 욕심이 너를 힘들게 했지

진짜 사랑한다면 소유하는 게 아니라 소중히 여겨야 했는데

소 진

은근히 기대하게 되는 너와 나, 둘 사이의 묘한 분위기.

지금 너도 내 마음과 똑같은 마음일까?

은 지

보이는 것만 볼 줄 아는 사람들은 진정한 너를 모르지만
미묘하게 남들과 다른 너만의 매력을 나는 느낄 수 있어.

보면 볼수록 네가 너무 사랑스러운 걸 어쩌지
미치도록 너를 안아주고 싶어.

보 미

지금만큼 우리는 앞으로도 행복한 날들을 향해 나아갈 거야.

운명적으로 타고난 행복처럼 느껴지도록 사랑할 거니까.

지 운

대다수의 사람들은 힘든 순간에 절망에 빠지겠지만 너만큼은

희망을 잃지 않는 마음을 가졌으면 좋겠어.

대 희

다시는 우리 멀어지지 말자.

은은하게 멀어지는 너의 향기에도 난 금세 슬퍼지잖아.

다 은

희미하게 사라져 가는 내 삶이

주어진 시간만큼은 아주 진한 행복으로 남겨지길.

희 주

세상에 많고 많은 인연들이 스쳐 가는 삶 속에서

나는 네 곁에서 오래오래 머무르는 인연이면 좋겠어.

세 나

유난히 예쁜 너에게 자꾸만 내 시선이 닿았다.

진심이 닿길 바라는 마음을 눈빛에 담았다.

유 진

건너가는 그 길 위에서 흔들리거나 넘어지지는 않을까

우려스러운 내 마음과는 달리 너는 흔들림 없이 꿋꿋하길.

건 우

현재에 머무르면 마음이 행복해진대. 과거에 연연하지 말고,

경험하지 못한 미래에 대한 걱정으로 초조해지지 말자.

현 경

도전함에 있어서 어려운 일이 부딪히더라도

현명하게 극복해 나가는 너의 모습을 응원할게

도 현

상황은 점점 나아질 거예요, 우리는 앞으로 나아갈 거고

선택한 그 길은 후회하지 않을 방향일 거예요.

상 선

엄격하게 자신을 자책하지 말자. 조금은 관대해져도 괜찮아.

지금까지 이미 충분히 잘해 왔고, 앞으로도 넌 충분히 잘할 거야.

엄 지

지나간 것은 지나 간대로 마음을 두지 말자

애정을 느끼는 소중한 것들은 모두 현재에 머무르고 있잖아.

지 애

도저히 힘들어서 안 되겠다 싶은 순간이 찾아오면 잠시 내려놓자.

준비가 되면 그 때 다시 힘내보자, 그때까지 내가 힘이 되어 줄게.

도 준

지금처럼만 변함없는 마음으로 서로를 아껴 주고 사랑하자.

수없이 펼쳐진 모든 날들을 이대로 너와 함께하고 싶어.

지 수

희미하게 빛이 바라고 흐릿한 세상을 너의 색으로 짙게 물들이자.

정해진 규칙 없이 네가 원하는 색으로 채운 온전한 너의 것으로.

희 정

선하고 따뜻한 사람의 마음은 티를 내지 않아도

태도와 행동에서 자연스레 드러나는 것.

선 태

다시는 나에게 설레는 감정이 찾아오지 않을 줄 알았는데

솜사탕처럼 달콤하게 사랑이라는 마음이 부풀어 오르잖아.

다 솜

미래를 밝게 비춰 주는 등불 같은 존재가 있다면 그건 바로 너.

선한 너의 마음은 사람들에게 빛을 비춰 주잖아.

미 선

은근히 내색하지는 않았지만 너를 많이 좋아해.

경솔한 마음이 아니라는 것을 네가 꼭 알아주면 좋겠어.

은 경

서로 다른 우리가 하나가 된다는 것은 단연 쉬운 일은 아닐 거야.

하지만 앞으로 나아갈 모든 날들은 너와 내가 하나가 되면 좋겠어.

서 하

현실이 너무 힘들어서 다 포기해 버리고 싶을 때도 많지만

우리는 분명 이겨낼 거라고 믿어, 함께 힘내자.

현 우

순간마다 우리는 새로운 선택의 상황에 부딪힐 거고,

후회하지 않을 선택을 할 수 있는 당신이 되길 바랄게요.

순 후

수많은 시간을 노력해 온 당신에게 말해 주고 싶어요.

지금까지 열심히 애썼다고, 충분히 잘해 왔다고.

수 지

다를 것 없는 평범한 내가 조금은 특별해 질 수 있게

영감을 주는 그런 사람이 되어 줘.

다 영

정신이 힘들면 몸도 쉽게 지치고 아프기 마련이니까

호흡을 가다듬고 마음을 비워낼 수 있는 여유를 갖길 바랄게요.

정 호

혜성처럼 나타난 네가 내 삶을 반짝거리며 밝혀 주었어.

민감하게 나의 마음에 반응해 주고 힘이 돼 주는 네가 나를 더 빛나게 해.

혜 민

담담한 척 속마음을 숨기고 지내왔지만

비밀로 간직해 온 내 마음을 너에게 고백할거야.

담 비

은은하게 빛나는 작은 불빛인 줄 알았는데, 칠흑 같은 어둠이 오고서야

영혼 깊은 곳까지 밝은 빛을 비춰 주던 존재가 너였다는 것을 깨달았다.

은 영

슬픈 일도 기쁜 일도 감당할 수 있을 정도만
기력을 다해 무너지지 않을 만큼만 힘을 내자.

슬며시 발걸음을 맞춰 걸으며 네가 지칠 때면
기댈 곳이 되어 주는 그런 존재가 될게.

슬 기

귀하의 노력과 열정은 반드시 삶의 양분이 되어

성공의 길을 향해 나아갈 것입니다.

귀 성

명대사처럼 멋진 말은 잘 못하지만, 너를 사랑한다고

한마디에 내 진심을 모두 담아 주고 싶어.

명 한

재즈 멜로디 흥얼거리며 맞이하는 설레는 아침.

경쾌한 발걸음으로 너를 만나러 가는 날.

재 경

남들과는 다르게 너는 너에게만 느껴지는 특별함이 있어.

현실 속에서도 넌 언제나 드라마 주인공처럼 멋지고 대단해.

남 현

은혜와 축복 속에 태어난 너의 존재는 충분히

빛나고 아름답다는 것을 부정하지 않았으면 해.

은 빛

수그러들 줄 모르던 추위 속에도 결국 따뜻한 봄은 돌아온다.

아직 추위 속에 있다고 떨 것 없어. 너의 봄도 꼭 찾아올 거야.

수 아

수많은 사람들 속에서 그저 그런 사람으로 그치는 것이 아닌,

훈훈한 온기를 나눌 수 있는 사람으로 머물고 싶어.

수 훈

연이 닿기까지 너무 많은 시간이 걸린 것은 아니었을까

진작 너를 만나지 못한 아쉬운 날들보다 더 많은 날을 사랑해야지.

연 진

은근히 기대하게 만들잖아 너의 활짝 웃는 그 얼굴.

우리가 함께 할 내일이 더 행복할 거라는 기대.

은 우

우울한 감정이라는 것은 좀처럼 사라지지 않는다.

연필을 꾹 눌러 써서 지워도 남아 버리는 자국처럼

우 연

윤택한 삶도 좋지만 소중한 것을 함부로 하지 않는 삶을 살면 좋겠어.

서두르지도, 욕심내지도 않고 소중한 것들을 소중하게 여길 줄 아는 삶.

윤 서

연연하지 말았으면 하는 것들에 왜 자꾸만 마음이 가는지

수없이 많은 생각들이 닿지 못하는 것을 알면서도 너에게 향한다.

연 수

은근히 너의 연락을 기다리던 나의 감정이 무엇이었는지,

비어 있던 나의 시간들이 너로 채워지는 걸 보면 혹시 사랑일까.

은 비

대화를 나누다 보면 결국 좋은 영향을 주는 사람은

근사한 말보다 진심으로 경청해 주고 공감해 주는 사람이더라.

대 근

한 가지 우리 사이에 바라는 게 있다면

솔직한 마음으로 서로를 바라봐 줄 것.

한 솔

서서히 내 마음 속에 너라는 사람이 들어왔어

희한한 일이야. 텅 비었던 마음이 이제는 너로 가득해

서 희

우리가 내딛는 발걸음이 어디를 향해 가고 있는 지 알 수 없지만

종착지는 서로를 위한 길이었으면 좋겠어.

우 종

지금까지 그래왔던 것처럼 손 꼭 잡고 함께 나아가자.

은하수의 별처럼 빛나는 우리의 앞날을 향해.

지 은

가냘픈 너를 내 품에 안고 이런 생각이 들었어.
연이 닿는 동안 너의 삶에서 제일 따뜻한 사람이고 싶다고

가녀린 두 손으로 붙잡고 있기 힘든 일은 전부 내려놓고
연약해진 마음이 다시 단단해지면 그때 다시 시작해도 돼, 괜찮아.

가 연

선을 그어 버린 관계에서 무엇을 더 바랄 수 있겠어.

표현이 서투른 내가 못나서, 그래서 그런걸.

선 표

은연중에 내 시선은 너를 향하고 있어

선뜻 다가서지는 못하고 바라볼 뿐이지만

은 선

정신없이 바쁜 하루를 견뎌 내는 당신이
아무 것도 아닌 일들에 지치고 힘들어하지 않았으면 좋겠어요.

정말 당신이 즐겁고 행복해질 수 있는 일을 해요.
아직 우리는 젊고, 도전할 수 있는 날들이 많은걸요.

정 아

춘만한 바람이 코끝을 간지럽혀 봄을 알리면

경쾌한 발걸음은 자연스레 네가 있는 곳을 향했다.

춘 경

나약하고 불안한 모습으로 널 힘들게 해서 미안해

연인의 끈을 계속 이어갈 수 있던 것은 너의 믿음 덕분이야.

나 연

강한 확신으로 날 잡아 주는 네가 있어서 우리의 사랑이 존재해.

희미한 내 앞날에도 네가 함께한다는 것은 확실해.

강 희

송두리째 너에게 빼앗긴 나의 마음을

이제는 고백해야 겠어. 진심을 다해 사랑하고 있다고.

송 이

준비한 선물과 편지를 건네며 너에게 용기를 내서 고백할게

형용할 수 없는 행복한 날들을 함께하고 싶다고.

준 형

혜안을 가진 당신이라면 어떤 고난에도

연연하지 않고 잘 해내리라 믿어요.

혜 연

중심을 잃지 않고 산다는 것은 힘든 일이지만

석연치 않은 이유로 나의 중심이 무너지지 않길

중 석

지금의 삶을 부족하지도 넘치지도 않게 살아가자

홍수도 가뭄도 해를 끼치기 마련이니까

지 홍

민망하고 어색한 첫 만남의 순간도

지나고 나면 아련하게나마 좋은 추억으로 남아 있겠죠.

민 지

다양한 색깔을 가진 각양각색의 사람들

운치 있는 그림을 함께 색칠하는 여행의 시간들

다 운

은은한 꽃향기가 퍼지는 길을 서로의 손을 잡고 천천히 걸었다.

영원히 너와 나는 봄처럼 따뜻하기를 바라는 마음으로.

은 영

인색하게 나를 조여서 숨 막히게 하는 것들을

혁대를 풀 듯 풀어 주자. 더 크게 숨 쉴 수 있게.

인 혁

재미있는 인생은 내가 만들어 가는 거잖아

원하는 것을 하며 살자. 후회가 남지 않도록.

재 원

민감할 만큼 스스로에게 엄격했던 마음을 내려놓고

정말 소중한 것은 나 자신이라는 것을 잊지 말고 사랑할 것.

민 정

민다고 밀어내는 나의 두 손을 따뜻하게 잡아 주는 그런 사람

경건한 마음으로 묵묵히 내 옆에 있어 주는 너라는 사람.

민 경

혜성처럼 네가 내 곁에 나타나 사랑한다고 말해 준다면

준비하며 기다린 만큼 빛나는 순간을 너와 함께 할게.

혜 준

민들레 홀씨가 단단한 땅으로 날아들어 꽃을 피우듯이

지금 내 마음 속에 네가 날아와 꽃이 되어 주는구나.

민 지

이따금씩 그대의 따뜻한 말 한 마디가 제 마음속에서 피어나요.

평생을 마음속에서 시들지 않을 예쁜 꽃의 언어로.

이 평

덕분에 고맙다는 말을 들을 때마다 참 고마워

원한다면 더 많은 것을 해 주고 싶은 너라서.

덕 원

수많은 사람들의 흑심품은 달콤한 말보다

정말 듣고 싶은 말은 그저 진심을 담은 너의 한마디.

수 정

예쁜 너와 함께 날씨 좋은 날 손잡고 걷는 나를 상상해

은은한 꽃향기와 따스한 햇살, 그리고 빛나는 너의 미소.

예 은

다정한 너의 위로 덕분에 한결 괜찮아진 요즘이야.

솔직히 나 그동안 혼자서 많이 힘들었거든.

다 솔

진부하고 흔한 사람들 틈에서 너는 얼마나 매력적으로 다가왔는지

예측할 수 없이 통통 튀는 말과 행동이 매 순간을 기대하게 만들어.

진 예

여태껏 그래왔듯이 앞으로도 난 너와 사랑을 키워 가고 싶어.

희로애락의 감정들을 함께 나누며 우리의 관계가 더 단단해지길 원해.

여 희

지우려고 해도 지워지지 않는 너의 기억.

연필로 쓸 걸 그랬나. 이렇게 아파할 줄 알았다면

지 연

수수한 너의 말은 다른 사람들의 꾸며진 말보다 진심으로 와 닿아

언어의 온도가 마음까지 따뜻하게 느껴지는 것 같아.

수 언

선선한 바람이 부는 날, 가벼운 옷을 걸치고 떠나자

경치 좋은 곳에서 가벼운 마음으로 훌훌 털고 오자.

선 경

단숨에 쌓이는 걱정과 불안감에 쉽게 잠들지 못하는 밤

비라도 내려서 마음 속 먼지 같은 이 감정도 함께 쓸어내리길

단 비

정이 깊어지는 만큼 이제는 말하지 않아도 알 것 같더라.

은유적인 모든 표현 속에도 날 사랑한다는 말이 담겼다는 걸.

정 은

재우고 싶지 않을 만큼 항상 아쉬운 밤이지만

곤히 잠든 너를 떠올리는 것만으로도 미소 짓게 돼.

재 곤

성공보다는 성장을 지향하는 마음으로

권태롭지 않은 날들이 이어지길 바랍니다.

성 권

가장 나다운 나를 그대로 바라봐 주고 응원해 주는 사람이

영영 멀어지지 않고 나의 삶에 존재해 주었으면 좋겠어.

가 영

명랑하고 긍정적인 너를 보고 있자면 삭막한 세상 속에

진주를 보는 것처럼 반짝이고 내 마음까지 동글하게 만들어

명 진

주고받던 달콤한 말은 마음속에 따뜻하게 녹여 내자.

영원히 그 마음이 식어서 굳어지지 않도록 서로를 꼭 안아 주자.

주 영

승패를 떠나서 결과에 떳떳한 내가 될 수 있길,

현실을 받아들이고 좌절에 빠지지 않는 단단한 내가 되길.

승 현

산다는 게 숨 쉬는 것처럼 내 뜻대로 되면 좋겠다.

들숨에 행복을 삼키고 날숨에 불행을 뱉을 수 있게

산 들

공허함에 빠져들 때는 행복했던 지난날을 돌아봐.

찬란하고 찬란한 날들은 지나온 날처럼 앞으로도 이어질 거야.

공 찬

신기루처럼 눈 깜빡하는 사이 사라지는 것이 아닌

우리들 마음속에 오래도록 별처럼 빛나줘

신 우

재능보다 노력이 더 가치있다는 것을 일깨워 주는

영향력을 가진 당신은 존재 자체가 멋있는 사람.

재 영

성급히 내 곁에서 멀리 떠나간 당신은 왜

동경하는 마음만 덩그러니 남겨두고 가셨나요.

성 동

김이 서려 눈앞이 흐려도 나아갈 길을 잃지 않고

건너갈 수 있는 용기를 가진 네가 되었으면 해.

김 건

이대로 우리의 사랑이 머물렀으면 해

지금 이 순간, 너와 사랑을 속삭이는 시간이

수 없이 흘러간 어떤 날들보다 더 행복하고 소중해.

이 지 수

하나 둘씩 선택의 순간에 부딪힐 때마다

선택에 대한 확신을 가졌으면 좋겠어.

우리는 분명 더 나은 방향으로 가는 선택을 할 거라는 확신.

하 선 우

한 걸음 더 다가가면 네가 있을까

보고 싶은 욕심에 다가가면

영영 널 못 보게 될까 봐 겁이 나.

한 보 영

황홀하다는 게 어떤 느낌인지 이제는 알 것 같아

유유히 흘러와 어느새 내 옆으로

선물처럼 다가와 준 너라는 사람 덕분에.

황 유 선

이상과 현실은 그리 멀리 있지 않아

서로 문 하나를 사이에 두고 서 있을 뿐

주위의 시선 신경 쓰지 말고 너의 문을 열고 나아가

이 서 주

한 송이 꽃을 닮은 너의 얼굴에

송골송골 맺힌 땀방울마저 아름다워서

연심을 품기에 충분해.

한 송 연

손에 잡히는 일이 없을 만큼 우울해도

지금 이 힘든 시간 모두 이겨 내고

윤택하게 흘러가는 인생이 찾아오길.

손 지 윤

재잘재잘 수많은 시간을 이야기 나누며

모든 순간을 두 손 꼭 잡고 놓지 않기로,

솔직한 마음으로 서로를 바라보며

아름다운 날들을 함께하기로 맹세했습니다.

재모, 솔아 부부

정말 소중하고 특별하던 두 사람의 처음 만난 그 날

근심걱정 할 것 없이 인연의 끈이 이어질 것을 확신했습니다.

지금 이 순간 같은 곳을 바라보며 함께 서있는 둘이

운명처럼 부부가 되어 더 많은 날들을 함께 나아가고자 합니다.

정근, 지운 부부

재촉하지 않고 서로의 옆에서 나란히 발걸음을 맞춰 걸으며,

혁신적인 변화를 바라는 게 아닌 그대로의 모습을 바라보고

희망을 함께 그리며 행복한 미래를 향해 나아가겠습니다.

라이트를 밝혀 어두운 순간이 찾아와도 서로에게 빛이 될게요.

재혁, 희라 부부

| 맺음말 |

서른이 되기 전에 내 이름으로 책을 내보고 싶다는 이야기를 주변 사람들에게 떠벌리고 다녔던 게 거의 5년이 지나고서야 드디어 책으로 만들 수 있게 되었습니다. 정말 오랜 시간이 흘렀네요.

일상이 바쁘다거나 금전적인 여유가 없다는 핑계를 둘러댔지만 사실은 용기가 없었던 것 같습니다.

맞춤법과 띄어쓰기도 자주 헷갈리는 제가 서투른 글재주로 글을 쓰고 책을 낸다는 게 쑥스럽기도 하지만 한 사람의 이름에 적게는 몇 십분, 많게는 몇 시간을 음절 하나하나 단어 하나하나 고민하고 진심을 담아 쓴 두세 줄의 짧은 글이 한 권의 책으로 탄생할 수 있었다는 것은 저에게 굉장히 소중한 의미로 다가왔습니다.

단어와 문장의 한계가 있기에 더 많은 분들의 이름과 글을 담아낼 수 없었다는 게 아쉬운 마음입니다.

소설, 영화, 드라마 속 등장인물이 자신 혹은 주변 사람들의 이름으로 나온 것을 발견했을 때의 반가운 마음처럼 이 책의 이름 시를 넘기며 반가운 이름을 발견하고 그 사람을 떠올려보길 바랄게요.

"…꽃을 사랑한다면, 당연히 그 이름을 자꾸 불러줘야 해. 이름도 불러주지 않는 사랑은 사랑이 아니야."

-양귀자의 소설 '모순' 중에서

좋아한다면, 사랑한다면 그 사람의 이름을 많이 불러주세요.

많은 사람들의 소중한 이름을 빌려 사랑과 이별, 응원과 위로의 글을 제 감성과 감정을 담아낼 수 있게 해 주셔서 감사합니다.